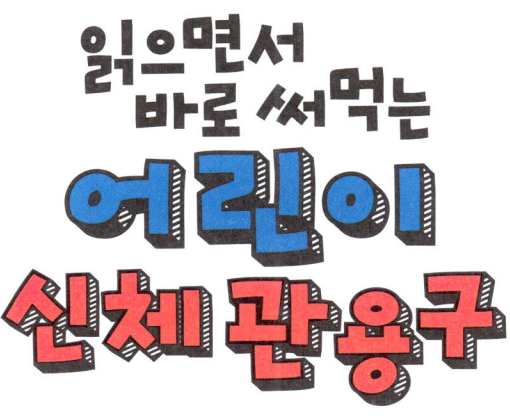

읽으면서 바로 써먹는 어린이 신체 관용구

글·그림 한날

작가의 말

요즘 유행하는 것 중 재미있게 하고 있는 것이 성격 테스트입니다. 문제를 풀며 숨겨진 성격을 알 수 있어 가끔 주변 사람들에게도 보내 나와 어떻게 다른지 알아보곤 합니다. 그럴 때면 새삼 사람마다 생김이 제각각 다른 것처럼 가지고 있는 성격 또한 너무나도 다양한 성격이 존재한다는 것에 놀라지요.

또, 성격에 따라 대화하는 방식에도 큰 영향을 주어 각자의 개성과 특징들이 그대로 나타납니다. 어떤 사람은 직설적으로 감정을 전달하는 사람이 있는가 하면, 어떤 사람은 뱅뱅 돌려 정확한 의도를 드러내지 않기도 하지요. 한번은 재미있게 이야기하고 있는 사람들의 특징을 유심히 살펴보았는데, 그때 자주 등장하는 것이 속담과 관용구 같은 비유적 표현이었습니다. 이런 표현을 얼마나 적재적소에 잘 사용하느냐에 따라 이야기의 맛이 달라졌습니다.

그것이 바로 관용구 두 번째 이야기 《읽으면서 바로 써먹는 어린이 신체 관용구》를 쓰게 된 이유이기도 합니다. 특히 이번 이야기는 우리 몸과 관련된 신체 관용구들만 모아 더욱 친숙하고 재미있게 익힐 수 있습니다.

　스노노의 초대에 집을 떠난 찹이와 친구들. 찹이와 친구들은 오싹오싹 무서운 귀신에게서 벗어날 수 있을까요? 무섭지만 코믹한 모험의 세계로 풍덩 빠져들어 재미있게 관용구를 알아가길 바랍니다.

한날

차례

episode. 1
웃고 있는 장승

- 01 등골이 서늘하다 · 12
- 02 엉덩이를 붙이다 · 14
- 03 눈을 씻고 보려야 볼 수 없다 · 16
- 04 발이 뜸하다 · 18
- 05 머리에 맴돌다 · 20
- 06 눈 하나 깜짝 안 하다 · 22
- 07 코 묻은 돈 · 24
- 08 눈동냥 귀동냥 · 26
- 09 오금을 펴다 · 28
- 10 다리품을 팔다 · 30

episode. 2
망태 할아버지의 손짓

- 11 한 다리 걸치다 · 34
- 12 눈에 넣어도 아프지 않다 · 36
- 13 허리가 휘어지다 · 38
- 14 뒤통수를 때리다 · 40
- 15 귀를 의심하다 · 42
- 16 귓등으로도 안 듣는다 · 44
- 17 눈 밖에 나다 · 46
- 18 발걸음을 재촉하다 · 48
- 19 머리를 맞대다 · 50
- 20 머리를 굴리다 · 52
- 21 목에 거미줄 치다 · 54
- 22 눈 깜짝할 사이 · 56
- 23 발을 구르다 · 58
- 24 머리를 식히다 · 60

episode. 3
폐교에 갇힌 래야

- 25 손을 맞잡다 · 64
- 26 손에 잡힐 듯하다 · 66
- 27 눈에 보이는 것이 없다 · 68
- 28 귀가 따갑다 · 70
- 29 눈앞이 캄캄하다 · 72
- 30 입이 귀밑까지 찢어지다 · 74
- 31 낯을 못 들다 · 76
- 32 무릎을 마주하다 · 78
- 33 코끝도 볼 수 없다 · 80
- 34 목을 축이다 · 82
- 35 입의 혀 같다 · 84

episode. 4
쎄세와 도깨비방망이

- 36 머리 꼭대기에 앉다 · 88
- 37 발등에 불이 떨어지다 · 90
- 38 살을 떨다 · 92
- 39 배부른 흥정 · 94
- 40 오금이 쑤시다 · 96
- 41 입을 딱 벌리다 · 98
- 42 낯이 있다 · 100
- 43 머리에 피도 안 마르다 · 102
- 44 코를 납작하게 만들다 · 104
- 45 얼굴을 비치다 · 106

episode. 5
모네에게 걸려 온 전화

- 46 입을 모으다 · 110
- 47 눈이 빠지게 기다리다 · 112
- 48 얼굴빛을 바로잡다 · 114
- 49 낯이 깎이다 · 116
- 50 귀에 딱지가 앉다 · 118
- 51 머리를 쥐어짜다 · 120
- 52 얼굴이 피다 · 122
- 53 발을 디딜 틈이 없다 · 124
- 54 팔을 걷어붙이다 · 126
- 55 손톱도 안 들어가다 · 128

episode. 6
정상에 선 뽀기

- 56 이를 악물다 · 132
- 57 허리를 펴다 · 134
- 58 허파에 바람 들다 · 136
- 59 손이 크다 · 138
- 60 발이 저리다 · 140
- 61 낯짝이 소가죽보다 더 두껍다 · 142
- 62 입에 침이 마르다 · 144
- 63 코를 빠뜨리다 · 146
- 64 화가 머리끝까지 나다 · 148
- 65 엉덩이가 근질근질하다 · 150

episode. 7
공동묘지로 간 찹이

- 66 귀가 간지럽다 · 154
- 67 목을 풀다 · 156
- 68 손이 저리다 · 158
- 69 발이 떨어지지 않다 · 160
- 70 발이 넓다 · 162
- 71 손에 걸리다 · 164
- 72 목덜미를 잡히다 · 166
- 73 입방아를 찧다 · 168
- 74 두 손 두 발 다 들다 · 170
- 75 발이 손이 되도록 빌다 · 172

episode. 8
두야와 달걀귀신

- 76 등을 떠밀다 · 176
- 77 꽁무니가 빠지게 · 178
- 78 납작코가 되다 · 180
- 79 눈을 의심하다 · 182
- 80 목이 막히다 · 184
- 81 팔짱을 끼고 보다 · 186
- 82 귀에 들어가다 · 188

episode. 9
공포산의 귀신들

- 83 허리띠를 졸라매다 · 192
- 84 어깨에 걸머지다 · 194
- 85 엉덩이가 구리다 · 196
- 86 양다리를 걸치다 · 198
- 87 머리가 무겁다 · 200
- 88 손에 땀을 쥐다 · 202
- 89 손꼽아 기다리다 · 204
- 90 눈을 돌리다 · 206
- 91 등을 돌리다 · 208

episode. 10
반격의 시작

- 92 어깨를 나란히 하다 · 212
- 93 눈치코치도 모르다 · 214
- 94 손발이 맞다 · 216
- 95 머리털이 곤두서다 · 218
- 96 발 벗고 나서다 · 220
- 97 손가락 안에 꼽히다 · 222
- 98 옆구리를 찌르다 · 224
- 99 무릎을 꿇다 · 226
- 100 콧등이 시큰하다 · 228

에필로그

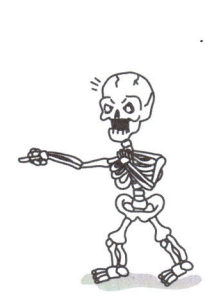

episode 1
웃고 있는 장승

등골이 서늘하다

무서운 영화를 보거나 귀신의 집에 들어가면 으스스한 분위기에 괜스레 무엇인가 튀어나올 것 같아 긴장돼요. 머리는 쭈뼛 서고, 등에 땀이 나며 서늘한 느낌까지 들어요. 오싹오싹한 이런 느낌을 '등골이 서늘하다'고 한답니다.

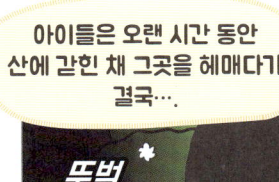
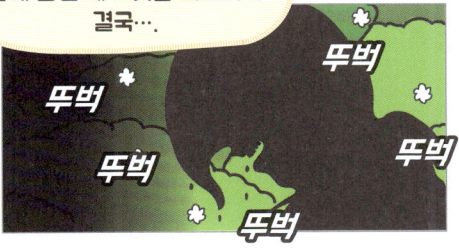

엉덩이를 붙이다

'붙이다'는 주로 풀이나 본드 등으로 떨어지지 않게 한다는 뜻으로 많이 사용되지만, 몸의 한 부분을 무엇에 댄다는 뜻도 있어요. 그래서 '등을 붙이다'는 바닥에 누웠다는 뜻으로, '엉덩이를 붙이다'는 자리를 잡고 앉았다는 뜻으로 쓰인답니다.

그 귀신들이 산속으로 다시 아이들을 데려가기 위해 아이들 곁을 떠돌아다닌다는 거야.

그러다 약해 보이는 아이를 찾으면 아무도 모르게 산속으로 잡아가 버리는 거지.

혹시 모르지. 그 귀신들이 지금 우리 곁을 떠돌고 있을지도.

아니, 엉덩이를 붙이고 벌써 우리 옆에 앉아 있을지도….

힝~. 얘들아, 이제 무서운 이야기는 그만하자.

화장실 같이 갈 사람?

오잉?

003 눈을 씻고 보려야 볼 수 없다

눈을 아무리 비비고 다시 봐도 볼 수 없다는 말로, 매우 찾기 어렵고 드물다는 뜻으로 사용해요. 어느 곳에서나 볼 수 있는 흔하다와 정반대되는 의미예요. 내 동생처럼 귀여운 아이는 눈을 씻고 보려야 볼 수 없는 세상에서 제일 예쁜 아이예요.

두두새에게
두두새야~, 잘 지내지?
내가 너를 초대할까 해.
지구에는 맛있는 열매가 엄청 많아.
수수께끼 나라에서는
눈을 씻고 보려야 볼 수 없는 열매들이지.
지금 당장 지구에 있는 우리 집으로 와!
맛있는 열매들을 잔뜩 준비해 둘게.
-스노노가

발이 뜸하다

'뜸하다'는 자주 하던 연락 등이 오랫동안 없다는 말로, '발이 뜸하다'는 자주 오가던 사람이 오랫동안 오지 않는다는 뜻으로 사용해요. 새 학기 단짝 친구와 다른 반이 되어 하루에도 몇 번씩 찾아가 만나던 것이 시간이 흐를수록 점점 발이 뜸해져요.

머리에 맴돌다

'맴돌다'는 한자리에서 같은 곳을 계속 돈다는 말로, '머리에 맴돌다'는 어떤 생각이 머릿속에서 떠나지 않고 계속 떠오르며 자꾸 생각하게 한다는 뜻으로 사용해요. 고민하고 있거나 잘 풀리지 않는 문제가 있을 때면 생각하려 하지 않아도 자꾸 떠올라요.

006 눈 하나 깜짝 안 하다

갑작스럽게 무엇인가 눈앞에 다가오면 자신도 모르게 눈을 감게 돼요. 자신을 보호하기 위한 당연한 행동이지요. 그런데 어떤 일에도 눈 하나 깜짝 안 한다니 강심장을 가졌네요. 평소처럼 아무렇지 않다는 뜻으로 사용해요.

007 코 묻은 돈

심부름을 해서 받은 돈이나 저금통에 한 푼 두 푼 모은 용돈처럼 어린아이가 가진 아주 적은 돈을 '코 묻은 돈'이라고 해요. 엄마 아빠 어릴 적에는 50원으로 과자도 사 먹고, 아이스크림을 사 먹을 수도 있었지요. 그때와 돈의 가치가 참 많이 달라졌어요.

다음 날 아침

애들아! 거의 다 왔어. 이제 곧 등산로 입구야.

파닥 파닥

힘내자, 조금만 더 가면 돼.

눈동냥 귀동냥

'동냥'은 돈이나 물건을 아무 대가 없이 달라고 하여 얻는 일이에요. 눈동냥은 눈으로 보고 얻은 것이고, 귀동냥은 귀로 들어 얻은 것으로 주변에서 보고, 들어서 얻은 지식이라는 뜻으로 사용해요. 지금은 다양한 미디어를 통해 더욱더 쉽게 얻을 수 있지요.

오금을 펴다

'오금'은 무릎 뒤쪽 구부러진 안쪽 부분을 말해요. 그래서 오금을 펴다는 다리를 쭉 펴고 바닥에 앉은 편안한 모습을 상상하면 돼요. 긴장한 상태에서 벗어나 마음 편히 여유로운 상황이 되었을 때를 빗대어 사용할 수 있어요.

다리품을 팔다

'다리품'은 사람이 걸을 때 드는 노력이라는 말로, '다리품을 팔다'는 아주 많이 걷는다는 뜻으로 사용해요. 물건을 살 때 여러 가게를 돌아보며 다리품을 많이 팔면 팔수록 더 싸고 좋은 물건을 살 수 있답니다.

거기에 장승이 있었던 거 본 적 있어?

앗! 그러고 보니 어제 지나갈 때도 분명 없었어!

정말?

그럼 대체 입구에 있던 장승은 뭐지?

두둥

episode 2
망태 할아버지의 손짓

한 다리 걸치다

'한 다리 걸치다'는 한쪽 다리를 다른 무엇인가에 얹어 놓는다는 말로, 어떤 일에서 한 부분을 맡는다는 뜻으로 사용해요. 다양한 곳에 관심이 많은 것은 좋지만, 이쪽 저쪽 너무 많은 곳에 다리를 걸치면 한 가지도 제대로 하기 어렵답니다.

눈에 넣어도 아프지 않다

눈은 매우 예민하고 약해서 살짝만 잘못 건드려도 상처가 나요. 그런데 이렇게 약한 눈에 넣어도 아프지 않다니 얼마나 귀하고 좋으면, 이런 아픔을 참고 견딜 수 있을까요? '눈에 넣어도 아프지 않다'는 너무도 귀엽고 사랑스럽다는 뜻으로 사용해요.

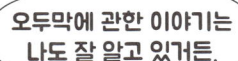

오두막에 관한 이야기는 나도 잘 알고 있거든.

그 오두막에는 원래 이 산을 지키는 산지기 할아버지가 살고 있었어.

처음 산지기가 되었을 때 할아버지의 얼굴엔 온화한 미소만이 가득했었지.

아이들이 놀러 오면 항상 따뜻하게 맞아 주었어.

허리가 휘어지다

'휘어지다'는 구부러진다는 말로, 허리가 구부러질 정도로 일이 어렵고 고되서 힘에 부친다는 뜻으로 사용해요. 또, 자신이 감당하기에 벅차다는 의미로도 쓰이지요. 친구들에게도 허리가 휘어질 만큼 힘든 일이 있나요?

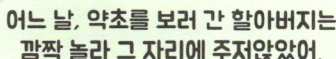

어느 날, 약초를 보러 간 할아버지는 깜짝 놀라 그 자리에 주저앉았어.

할아버지가 허리가 휘어지도록 정성껏 키운 약초들이 모두 뽑히고 짓밟혀 있었던 거야.

흐잉, 불쌍하다용.

약초는 쓸 수 없게 되었고, 결국 손녀는 병이 악화 되어서 죽고 말았어.

미안하구나, 아가. 할애비가 정말 미안해. 흐윽….

흐-윽

014 뒤통수를 때리다

길을 지나는데 누군가 갑자기 뒤통수를 때린다면 황당하고 어이없을 거예요. 보이지 않는 곳이라 그 충격도 더 크지요. 이처럼 '뒤통수를 때리다'는 내가 믿고 의지하던 사람이 뒤에서는 나를 욕하고 이간질하며 나를 속였다는 뜻으로 사용해요.

귀를 의심하다

어떤 이야기를 듣고도 믿지 못하고 의심한다는 뜻으로, 자신이 알고 있던 사실과 전혀 다르거나 황당하고 어이없는 이야기를 들었을 때 사용해요. 이때 들은 이야기가 바른 말일 수도 있고, 잘못된 말일 수도 있어요.

016 귓등으로도 안 듣는다

상대가 하는 말에 귀를 기울여 듣지 않는다는 말로, 말을 새겨듣지 않는다는 '한 귀로 흘리다'와 같은 뜻으로 사용해요. 다른 사람과 이야기할 때는 고개를 끄떡이거나 맞장구 말로 잘 듣고 있다는 표현을 해 봐요.

017

눈 밖에 나다

어떤 일로 인하여 믿음을 잃고 미움을 사게 된다는 뜻이에요. 보통 친구 사이보다는 윗사람과 아랫사람처럼 상하 관계에서 자주 사용해요. 하지만 눈 밖에 나는 것이 두려워 다른 사람 눈치만 보고 있으면 안 되겠지요.

018 발걸음을 재촉하다

'재촉하다'는 어떤 일을 빨리하라고 여러 번 이야기한다는 말로, '발걸음을 재촉하다'는 발걸음을 빨리 서두른다는 뜻으로 사용해요. 친구와 만나기로 한 약속 시각이 5분밖에 안 남았어요. 점점 발걸음이 빨라지며 발걸음을 재촉해요.

머리를 맞대다

어떤 문제를 해결할 때 혼자 결정해야 하는 것도 있지만, 많은 사람이 모여 의견을 나누면 더 좋은 결과를 얻을 수 있는 일들도 있어요. 이때는 다양한 의견을 듣기 위해 여러 사람이 머리를 맞대고 생각을 모아야 한답니다.

머리를 굴리다

'굴리다'는 요리조리 생각을 펼친다는 말로, 어떤 문제를 해결하기 위해 머리를 써서 생각한다는 뜻으로 사용해요. 나이에 상관없이 다양한 경험과 독서를 통해 더욱더 깊고 진지한 생각을 펼칠 수 있게 되지요.

021

목에 거미줄 치다

사람이 살지 않는 낡고 허름한 집을 보면 곳곳에 거미줄이 많아요. 그런데 이런 거미줄을 얼마나 오랫동안 먹지 못했으면 음식물이 드나드는 목에 칠까요? 이는 그만큼 가난한 처지가 되었다는 뜻과 함께 오랫동안 굶었다는 뜻으로 사용해요.

눈 깜짝할 사이

눈을 살짝 감았다 뜨는 아주 짧은 순간이라는 뜻으로 사용해요. 찰나, 순식간으로 바꿔 쓸 수 있어요. 맛있는 음식을 먹을 때는 잠깐 딴짓만 해도 눈 깜짝할 사이에 음식이 사라져 빈 접시만 덩그러니 남게 되지요.

023

발을 구르다

안타깝거나 매우 급한 상황에 어찌할 줄 몰라 이리저리 동동거리는 모습에 빗대어 사용해요. 강아지와 산책하러 나갔다가 그만 목줄이 풀려 강아지가 어딘가로 사라졌어요. 아무리 이름을 불러도 오지 않아 나는 발만 동동 굴러요.

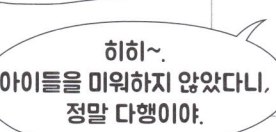

머리를 식히다

'식히다'는 가라앉힌다는 말로 쓰여, 복잡한 생각으로 가득 찬 머릿속을 비우거나 생각을 떨쳐 마음을 가라앉힌다는 뜻으로 사용해요. 풀리지 않는 수학 문제에 매달려 한참을 끙끙대도 풀리지 않아 잠시 머리를 식히고 나니 쉽게 해결되었어요.

episode 3
폐교에 갇힌 래야

025 손을 맞잡다

뉴스에서 두 나라의 정상이 서로 손을 맞잡고 있는 모습을 본 적이 있을 거예요. 이 모습을 보면 어떤 생각이 드나요? 화합과 협력이라는 단어가 떠오르지 않나요. '손을 맞잡다'는 이처럼 의견을 하나로 모아 서로 협력한다는 뜻이에요.

얘들아, 다들 어디 있어?

있으면 대답해!

분명 다 같이 덩굴문을 나왔는데, 왜 나만….

덩굴문도 온데간데없이 사라지고 말이야.

지금은 손을 맞잡고 힘을 모아야 할 때인데, 다들 어디로 간 거야?

동공 지진

설마…

나만 빼놓고 올라간 건 아니겠지?

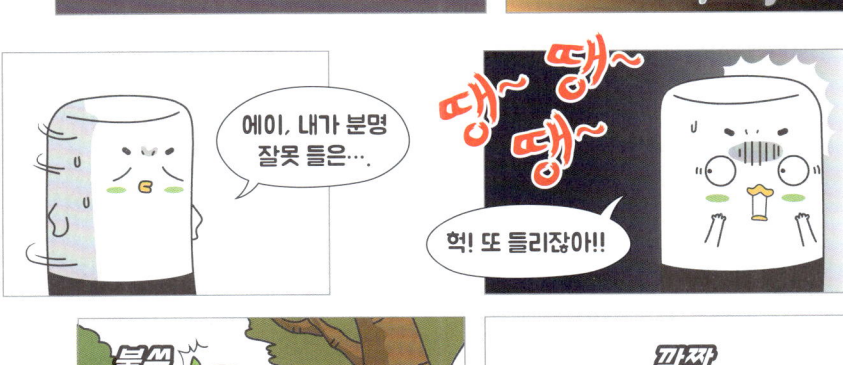

026 손에 잡힐 듯하다

손에 잡힐 듯하다면 가까운 곳에 있을까요, 먼 곳에 있을까요? 맞아요. 아주 가까운 곳에 있어 팔을 뻗어 손으로 잡을 수 있을 것 같다는 말로, 아주 가깝거나 선명하게 보인다는 뜻으로 사용해요.

027 눈에 보이는 것이 없다

'눈에 보이는 것이 없다'는 말은 진짜 보이지 않는다는 말이 아니라 급박하거나 화가 나서 앞뒤 상황을 생각하거나 돌아볼 겨를이 없다는 뜻으로 사용해요. 하지만 이렇게 한 행동은 나중에 후회와 사과가 뒤따른답니다.

귀가 따갑다

아무리 좋은 음악도 소리를 너무 크게 높이면 아름답기보다 소음 공해처럼 느껴져 귀가 아파요. 이처럼 '귀가 따갑다'는 너무 크거나 날카로운 소리를 듣기 괴롭다는 뜻으로 사용해요. 신이 나서 지른 내 고함이 다른 사람에게는 고통이 될 수 있어요.

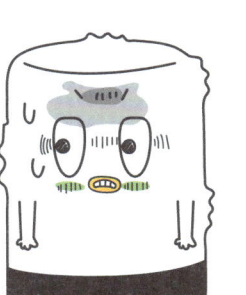

029 눈앞이 캄캄하다

'캄캄하다'는 아무것도 보이지 않을 만큼 아주 어둡다는 말로, 당황하거나 긴박한 상황에서 해결책이 전혀 보이지 않아 어찌할 줄 모르는 답답한 상태를 말해요. 이런 때는 먼저 크게 숨을 내쉬어 마음을 가라앉힌 후 차근차근 다시 생각해 봐요.

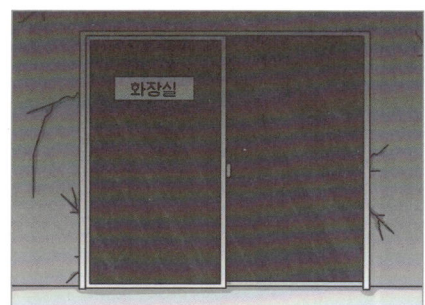

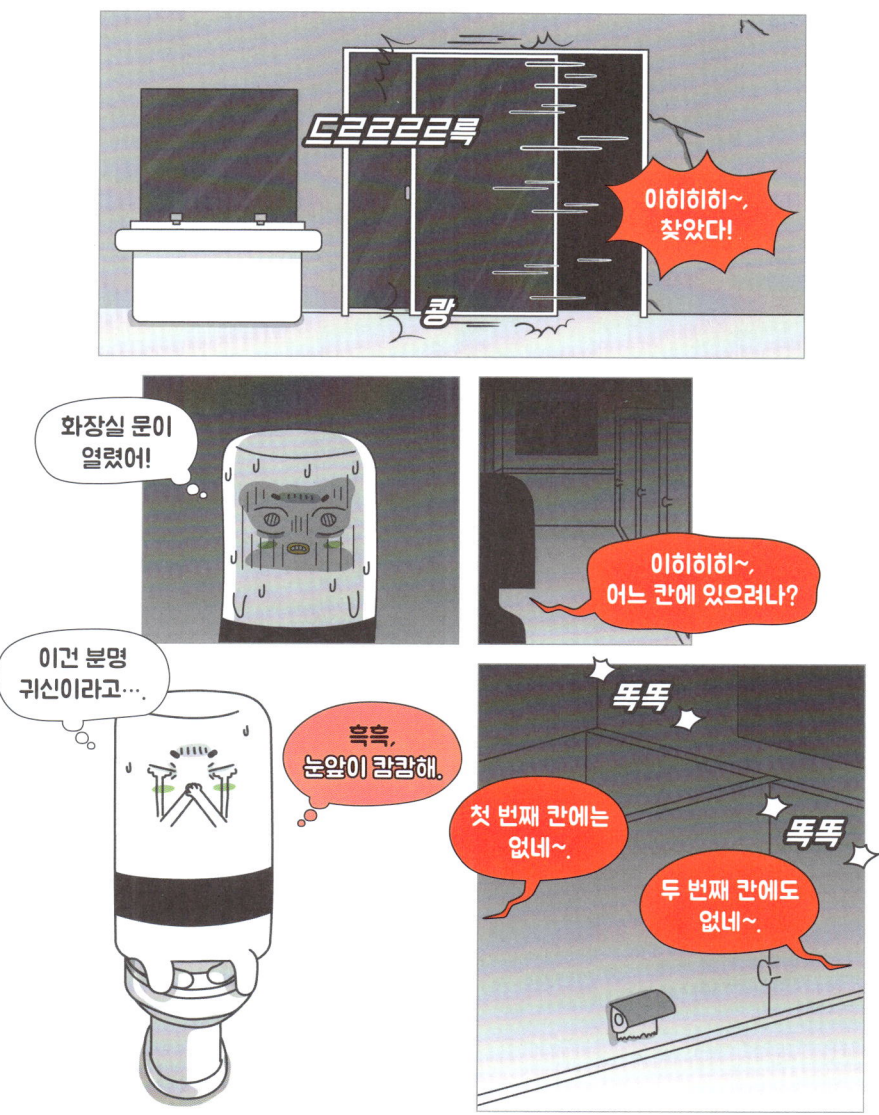

030

입이 귀밑까지 찢어지다

크게 웃는 얼굴을 보면 눈은 반쯤 감겨 반달눈이 되고, 입은 옆으로 벌어지며 귀밑까지 올라가 있어요. 이런 모습은 기쁘거나 즐거울 때 나오는 표정으로 매우 기분 좋은 모습에 빗대어 사용해요. 친구들은 어떤 때 이런 표정이 나오나요?

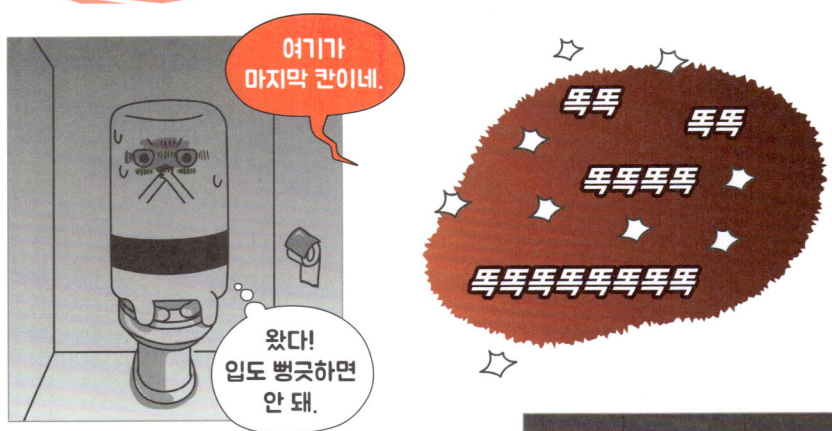

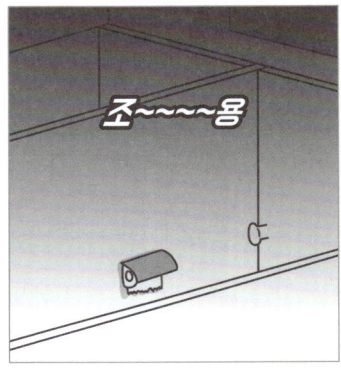

031 낯을 못 들다

'낯'은 얼굴이에요. 우리가 얼굴을 들지 못할 때가 언제일까요? 상대에게 떳떳하지 못하거나 창피한 마음이 들 때 상대와 눈을 맞추지 못하고, 자꾸 고개가 숙여져요. 좋아하는 이성 친구 앞에서도 괜스레 이런 마음이 들지요.

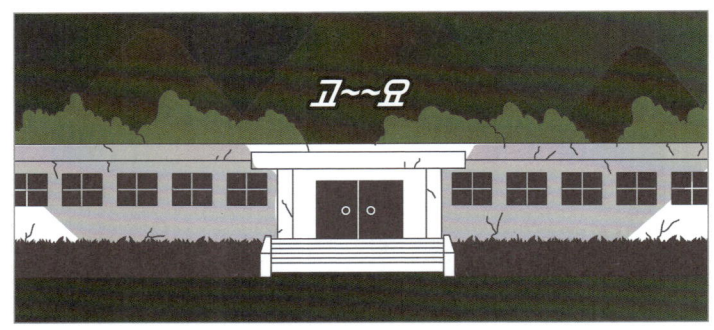

무릎을 마주하다

무릎이 닿을 정도로 앉는다는 뜻으로 서로 가까이 있음을 강조하기 위해 사용해요. '아빠 생신 선물을 고르지 못해 동생과 무릎을 마주하고 의논했다' 쑥덕쑥덕, 뭔가 아주 비밀스러운 이야기를 하고 있을 것 같지 않나요.

033 코끝도 볼 수 없다

사람의 얼굴 중 가장 높게 튀어나온 곳이 코예요. 그런데 그 코끝도 볼 수 없다는 것은 그 사람의 얼굴을 보기가 무척 힘들다는 것을 강조해 표현할 때 사용해요. 한동안 소식이 뜸한 친구에게 "너 요즘 코끝도 볼 수가 없더라!" 하고 말해 봐요.

목을 축이다

'축이다'는 축축하게 한다는 말로, '목을 축이다'는 물 등을 마신다는 뜻으로 사용해요. 쉬는 시간 친구들과 신나게 뛰어놀다 수업 종소리가 들리고서야 교실로 들어와 목을 축여요. 이때 마시는 물 한 모금은 설탕물처럼 다디달지요.

입의 혀 같다

입안에 숨겨져 있는 혀는 내가 말하거나 무엇인가를 먹을 때만 움직여요. 내가 움직이지 않으면 다른 그 누구도 움직이게 할 수 없지요. 그래서 '입의 혀 같다'는 말은 시키는 사람의 마음에 쏙 들게 잘 움직여 준다는 뜻으로 쓰여요.

쎄세와 도깨비방망이

머리 꼭대기에 앉다

여기서 머리는 생각을 말해요. 누군가 내 생각을 읽고 어떻게 행동할지 모두 안다는 뜻으로 사용해요. 친구와 체스를 두다 뻔히 보이는 수를 둔 친구에게 "내가 네 머리 꼭대기에 앉았다. 요렇게 막으면 되지!" 하고 얘기해 보세요.

037

발등에 불이 떨어지다

발등에 불이 떨어지면 어떨까요? 너무 뜨거워서 제자리에서 폴짝폴짝 뛰며 어찌할 바를 모를 거예요. 이처럼 매우 다급한 상황을 빗대어 표현할 때 사용해요. 미술 시간 풍경화를 완성해야 하는데, 이제야 스케치를 마무리했어요. 남은 시간은 10분.

살을 떨다

몹시 화가 나거나 무서울 때 우리는 자신도 모르게 몸을 떨게 돼요. 이처럼 감정이 격해져 아무리 멈추려고 해도 멈춰지지 않을 때 '살을 떨다'라고 표현해요. 외나무다리에서 원수와 마주치면 딱 그런 마음일 거예요.

배부른 흥정

불필요한 소비를 줄이려면 배가 부를 때 장을 보면 좋다고 해요. 배가 부르니 여유 있게 꼭 필요한 것들만 사게 되지요. 흥정을 할 때도 마찬가지예요. 아쉬운 사람은 손해를 보더라도 흥정을 하지만, 아쉬운 것이 없으면 전혀 안타까운 것이 없답니다.

이제 곧 여기에도 너를 잡으러 귀신이 찾아올 거라고!

엥? 넌 지금 친구들을 걱정할 때가 아니야.

척

여기로! 나를 잡으러?

깜짝

쿵쿵~ 쿵쿵~ 쿵쿵~

헉 헉

쿵쿵~

벌써 거의 다 온 것 같군. 사방에 귀신 냄새가 진동을 하고 있어.

산도깨비야, 나를 귀신으로부터 숨겨 줄 수 있어? 부탁해.

미안하지만, 그건 안 돼!

굽신 굽신

오금이 쑤시다

누군가 아무것도 하지 말고 가만히 있으라고 하면 무척 힘이 들어요. 괜히 목도 마른 것 같고, 여기저기 아픈 것도 같아요. '오금이 쑤시다'는 이처럼 가만히 있지 못하는 모습을 표현할 때 사용해요.

좋아! 대신 진 사람이 소원 한 가지 들어주기다.

알았어! 오금이 쑤시니까 빨리 시작하자고! 어떤 내기야?

붕~ 붕~

자~, 그럼 어떤 내기인지 설명해 줄게.

역시 내기를 좋아한다는 게 사실이었군.

먼저 나눠 준 종이에 상대방이 할 행동을 예측해서 적는 거야.

물론 상대방이 보지 못하게 몰래 적어야겠지!

그리고 상대방이 이 행동을 먼저 하게 만들면 이기는 거지! 어때?

킥킥~, 좋아!

041 입을 딱 벌리다

불꽃놀이처럼 아름다운 것을 보면 '와~' 하고 입을 다물지 못할 때가 있어요. 또 너무 어이없는 상황에서도 황당해 입을 벌리게 되지요. 이처럼 감탄하거나 어이없는 상황을 표현할 때 사용하는 말이에요.

042

낯이 있다

낯은 얼굴이라고 했어요. '낯이 있다'는 정확하게 기억이 나지는 않지만, 언제가 본 적이 있어 낯설지 않다는 말이에요. 진짜 아는 것일 수도 있고, 아는 사람과 비슷한 느낌을 가져 그런 느낌을 받을 수도 있어요.

머리에 피도 안 마르다

아직 어리다는 뜻으로, 긍정적이기보다는 부정적인 표현으로 상대를 얕잡아 보고 무시할 때 사용해요. 다른 사람을 무시하는 마음이 담겨 있어 사용하지 않는 것이 좋은 말이랍니다.

044 코를 납작하게 만들다

코는 사람의 얼굴 중 중심이 되는 부분으로 코를 납작하게 만든다는 것은 그 사람의 자존심을 상하게 하거나 기를 죽이겠다는 뜻으로 사용해요. 친구가 잘난 척하는 모습이 얄미워 더욱 노력하겠다는 결심을 할 때도 사용해요.

얼굴을 비치다

'비치다'는 보이다 또는 모습을 나타낸다는 말로, 약속이나 모임 등에 잠깐 와서 얼굴만 보이고 간다는 뜻으로 사용해요. 바쁜 시간을 쪼개 참석해 준 것이 고마울 수도 있지만, 약속을 했다면 시간을 비워 두는 것이 당연한 것이랍니다.

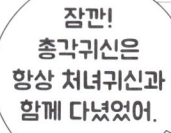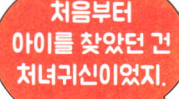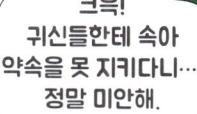

episode 5
모네에게 걸려 온 전화

입을 모으다

'모으다'는 흩어졌던 것을 하나로 만드는 것으로, 의견이 하나로 통일되었다는 뜻으로 사용해요. 또, '인사성이 바르다며 입을 모아 칭찬했다'처럼 모두라는 의미로도 사용하지요. 친구들은 좋은 일에만 입을 모으고 행동해요.

눈이 빠지게 기다리다

'눈이 빠지게 기다리다'는 '목이 빠지게 기다리다'와 같은 뜻으로 애타게 기다리는 모습을 표현할 때 사용해요. 1년에 한 번뿐인 어린이날은 우리 친구들이 가장 눈이 빠지게, 목이 빠지게 기다리는 날이겠지요?

얼굴빛을 바로잡다

'얼굴빛'은 얼굴에 나타나는 표정이나 감정 등을 말해요. 그래서 '얼굴빛을 바로잡다'는 얼굴에서 감정이나 표정을 지우고, 감정을 정리하여 단호해진다는 뜻이에요. 수업을 들을 때 눈을 반짝이며 얼굴빛을 바로잡아 보세요.

낯이 깎이다

'낯'은 얼굴이라는 뜻도 있지만, 체면이라는 의미도 있어요. 그래서 여기서는 체면이 깎인다는 뜻으로 잘못된 행동을 하여 다른 사람에게 보여지는 모습이 우스워질 때 사용해요. 스스로 이런 행동은 하지 않으려 노력해야 하지요.

050

귀에 딱지가 앉다

같은 말을 듣고 또 들은 것이 쌓이고 쌓여 딱지가 되었다는 말로, 여러 번 반복하여 들었다는 것을 강조할 때 사용해요. 지금은 이런 말들이 잔소리처럼 들릴 수 있지만, 어른이 되면 왜 그렇게 같은 말을 하고 또 했었는지 알게 될 거예요.

051 머리를 쥐어짜다

'머리'는 생각이라는 말로, 어떤 생각을 끄집어내기 위해 열심히 궁리한다는 뜻으로 사용해요. 책 사이에 넣어 둔 용돈을 쓰려고 찾으니 용돈이 없어요. 아무리 머리를 쥐어짜도 어디에 두었는지 생각이 나지 않아요.

052

얼굴이 피다

'피다'는 혈색이 좋아지다라는 말로, '얼굴이 피다'는 얼굴의 혈색이 좋아져 건강하고 예뻐 보인다는 뜻과 함께 찡그렸던 얼굴이 밝게 바뀌어 기분이 좋아 보인다는 뜻으로도 사용해요. 활짝 핀 꽃처럼 친구들의 얼굴도 언제나 예뻐요.

053

발을 디딜 틈이 없다

사람이나 물건이 너무 많아 발 디딜 틈이 없을 정도로 복잡하고 혼잡하다는 뜻으로 사용해요. 친구들 방을 지금 한번 쭉 둘러보세요. 혹시 발을 디딜 틈이 없을 만큼 지저분한 건 아니겠지요? 오랜만에 대청소를 해 볼까요.

팔을 걷어붙이다

몸을 움직여 열심히 일하다 보면 점점 땀이 나며 더워져요. 그럼 나도 모르게 소매를 말아 올리거나 당겨 올리게 되지요. 이처럼 '팔을 걷어붙이다'는 어떤 일을 열심히 하기 위해 준비를 했다는 뜻으로 사용해요.

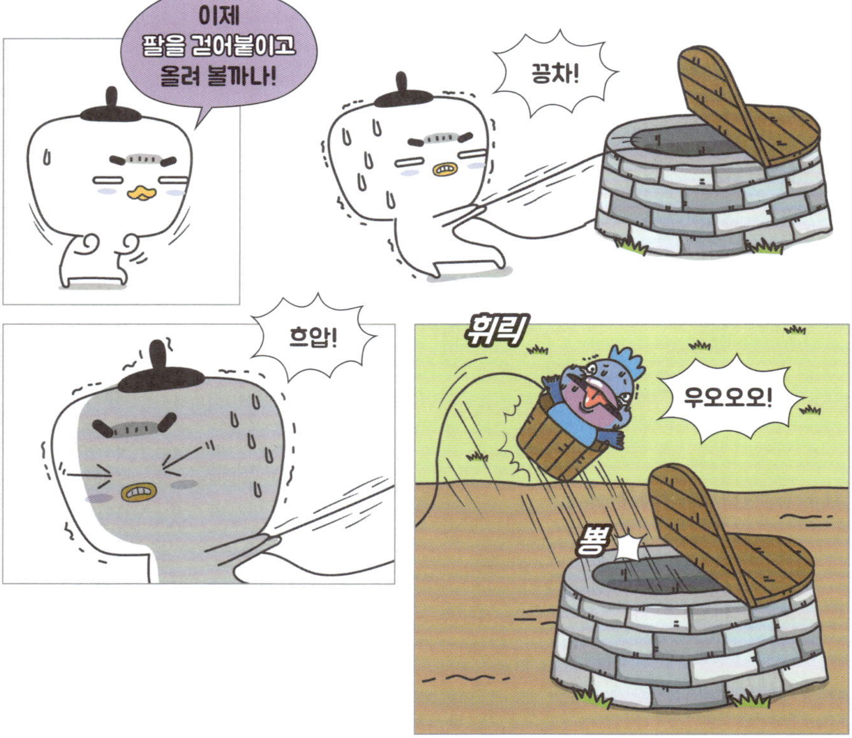

손톱도 안 들어가다

놀부가 어떤 사람인지 알고 있나요? 맞아요, 욕심 많고 인색해서 다른 사람에게 도움이라고는 손톱만큼도 주지 않을 사람이지요. 이런 사람을 '손톱도 안 들어가다'라고 표현해요. 또, 정해진 틀에서 어긋남 없이 똑 부러지는 사람에게도 이런 말을 쓰지요.

episode 6
정상에 선 뽀기

이를 악물다

'이를 악물다'는 표현을 생각하면 어떤 힘든 일을 참거나 견디는 모습이 떠오를 거예요. 그래서 이 말은 어떤 힘든 일도 이겨내 이루겠다는 큰 결심을 한다는 뜻으로 사용해요. 줄다리기에서 상대 팀을 이기기 위해 이를 악물어 봤을 거예요.

허리를 펴다

일하다 힘이 들면 허리를 쭉 펴고 주먹으로 허리를 콩콩콩 두드려 주면 조금은 피로도 사라지고 뭉쳤던 근육도 풀리는 것 같아요. 이처럼 '허리를 펴다'는 힘들고 어려운 상황이 잘 지나서 편하게 지낸다는 뜻으로 사용해요.

058

허파에 바람 들다

허파는 숨을 쉬는 기관이에요. 그런데 이곳에 바람이 들어 자꾸 히죽히죽 웃는다거나 실없이 행동한다는 뜻으로 사용해요. 특별한 이유 없이 웃음을 멈추지 못하고 계속 실실거리고 있는 친구에게 "너 허파에 바람 들었니?" 하고 말해요.

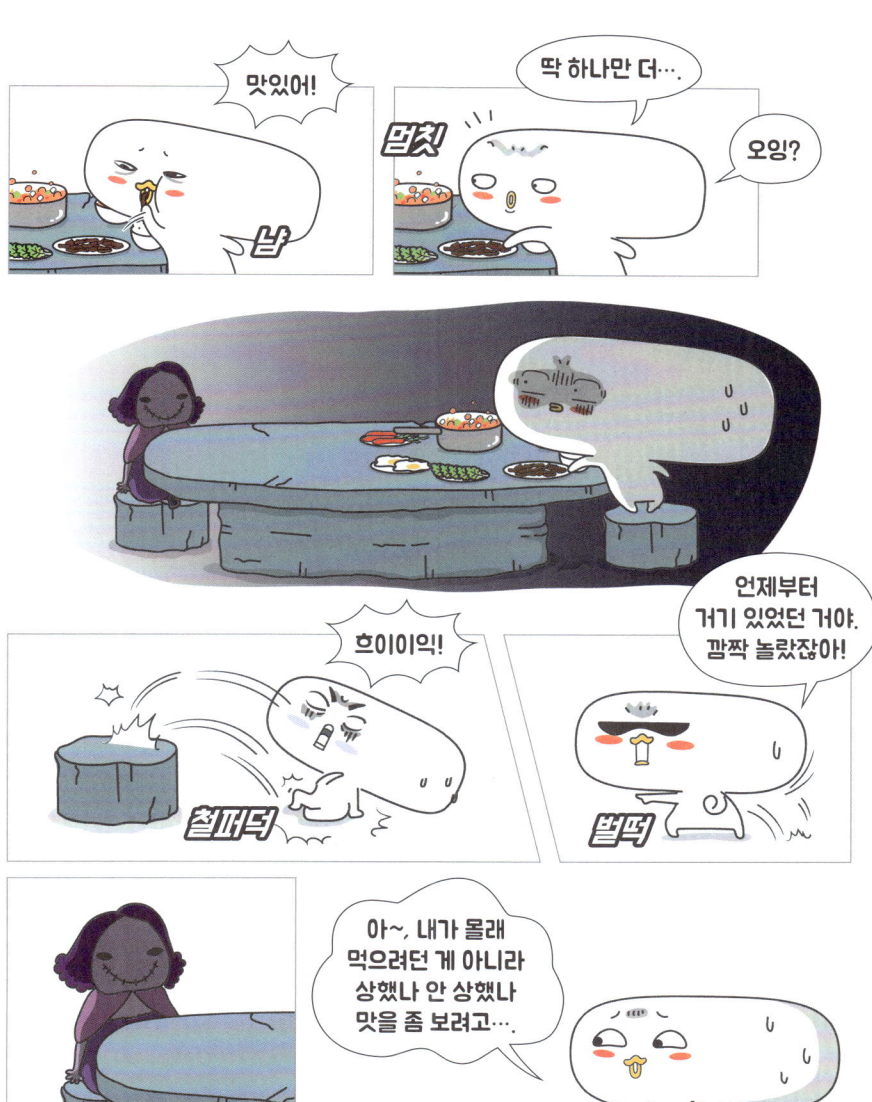

손이 크다

손이 크면 그 안에 쥘 수 있는 물건이 다른 사람보다 많을 거예요. 그래서 '손이 크다'는 돈이나 물건 등을 사거나 베풀 때 후하고 크다는 뜻으로 사용해요. 하지만 너무 큰 손은 과소비로 이어지거나 자신에게 부담이 될 수도 있지요.

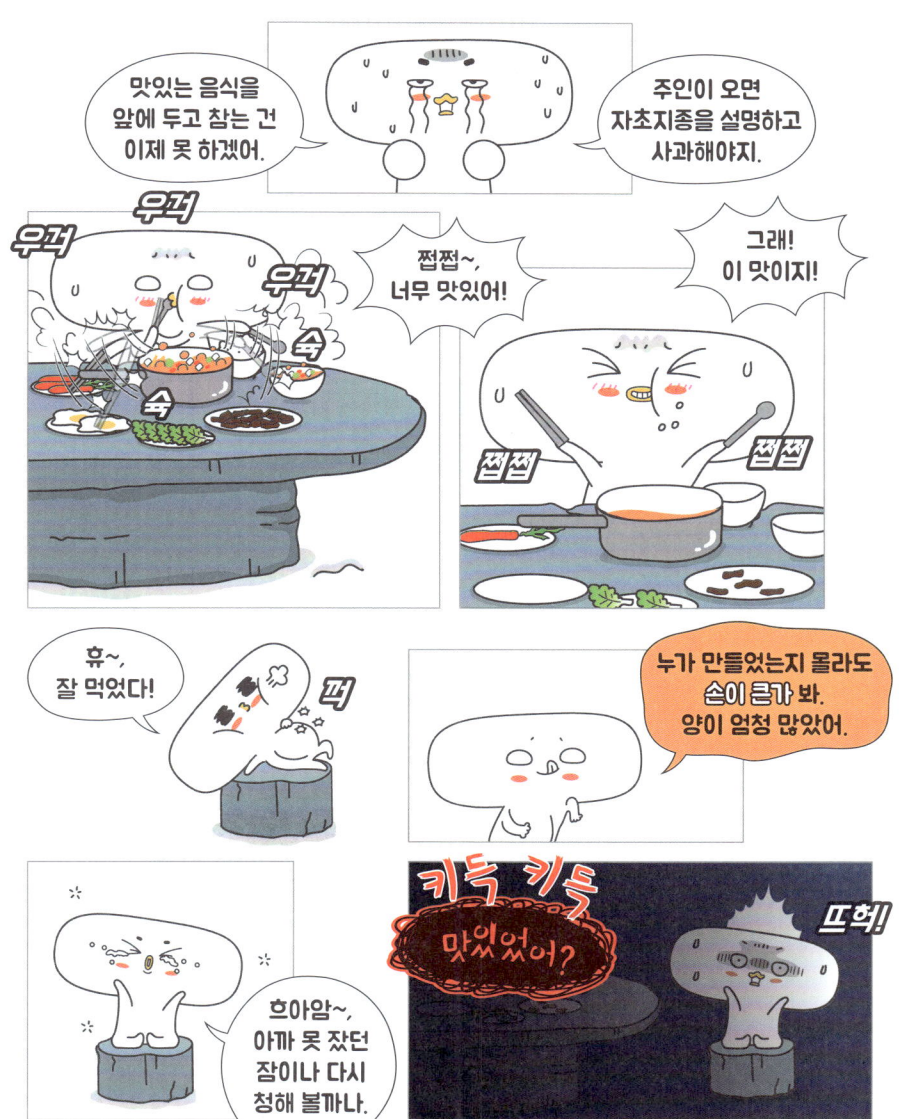

발이 저리다

오랫동안 한 자세로 가만히 있으면 불편한 부분이 저려 와요. 이처럼 잘못한 것이 있어 마음이 불안하고 조마조마할 때도 이런 느낌이 드는데, 이때 '발이 저리다'라는 말로 빗대어 표현할 수 있어요.

061
낯짝이 소가죽보다 더 두껍다

'낯짝'은 얼굴을 낮춰 부르는 말로, '얼굴이 소가죽보다 더 두껍다'는 창피하거나 부끄러움을 모른다는 뜻으로 사용해요. 뻔뻔하다와 바꿔 쓸 수 있지요. 이 말은 부정적인 의미로 주로 쓰인답니다.

062

입에 침이 마르다

친구들과 신나게 말을 하다 입이 말라 물을 마셔 본 적이 있을 거예요. '입에 침이 마르다'는 이처럼 칭찬이나 잔소리 등을 되풀이해서 여러 번 말한다는 뜻으로 사용해요. 친구를 칭찬하는 좋은 이야기로 입에 침이 마르면 좋겠어요.

063

코를 빠뜨리다

'다 된 죽에 코 빠졌다'는 속담을 들어 봤을 거예요. 다 된 일을 엉뚱한 행동으로 망쳐 버린다는 뜻이지요. '코를 빠뜨리다'도 같은 뜻으로 사용해요. 행동할 때는 먼저 생각하고 행동하기, 잊지 말아요!

064 화가 머리끝까지 나다

머리끝은 우리 몸의 가장 꼭대기예요. 그래서 '화가 머리끝까지 나다'는 매우 화가 많이 났다는 뜻으로 쓰여요. 다른 사람과 갈등이 있을 때 내 마음을 이 말로 표현해 봐요. 그럼 내 마음이 좀 더 잘 전달될 거예요.

진짜 맛없었어요!

너무 맛없어서 똥을 씹는 줄 알았다고요! 그건 스노노가 한 요리보다도 훨씬 맛없었어요!

감히 내 정성스러운 요리를 그렇게 말하다니!

부들 부들

엥?

또다시 맛있다고 하면 진심이라고 생각해 살려 주려고 했더니!

역시 거짓말이었군! 화가 머리끝까지 나는구나!!

부들 부들 부들

하하~, 난 역시 바보였군.

065 엉덩이가 근질근질하다

'근질근질하다'는 어떤 일을 참기 어려울 정도로 하고 싶어 한다는 말로, '엉덩이가 근질근질하다'는 한 자리에 가만히 있지 못하고 이리저리 움직이고 싶어 한다는 뜻으로 사용해요. 심심하거나 답답한 마음을 이렇게 표현할 수도 있지요.

episode 7
공동묘지로 간 찹이

귀가 간지럽다

갑자기 귓구멍을 후비며 부모님께서 "누가 내 욕을 하나? 왜 이렇게 귀가 간지러워." 라고 말하는 것을 들어 본 적이 있을 거예요. '귀가 간지럽다'는 다른 사람이 나에 대한 말을 하고 있다고 느껴질 때 사용하는 말이에요.

목을 풀다

'풀다'는 긴장된 것을 부드럽게 한다는 말로, '목을 풀다'는 목소리를 부드럽게 하여 가다듬는다는 뜻으로 사용해요. 노래를 부르기 전이나 많은 사람 앞에서 발표를 해야 할 때면 나도 모르게 "음, 음. 아~." 하고 목을 풀게 되지요.

068

손이 저리다

사람이 긴장하면 손에 땀이 나며 자꾸 손을 만지작거리게 되는데, 이 모습이 꼭 손이 저릴 때 손을 주무르는 모습과 비슷해요. 그래서 '손이 저리다'는 어떤 일에 놀라거나 다급한 모습을 표현하는 말로 사용해요.

069 발이 떨어지지 않다

잠깐 동생과 나만 있어야 할 때면 엄마는 "모르는 사람에게 문 열어 주지 마라", "금방 올 테니 걱정 마라" 등 걱정스러운 마음에 이런저런 이야기로 쉽게 외출하지 못하시지요. 이런 마음이 '발이 떨어지지 않다'랍니다.

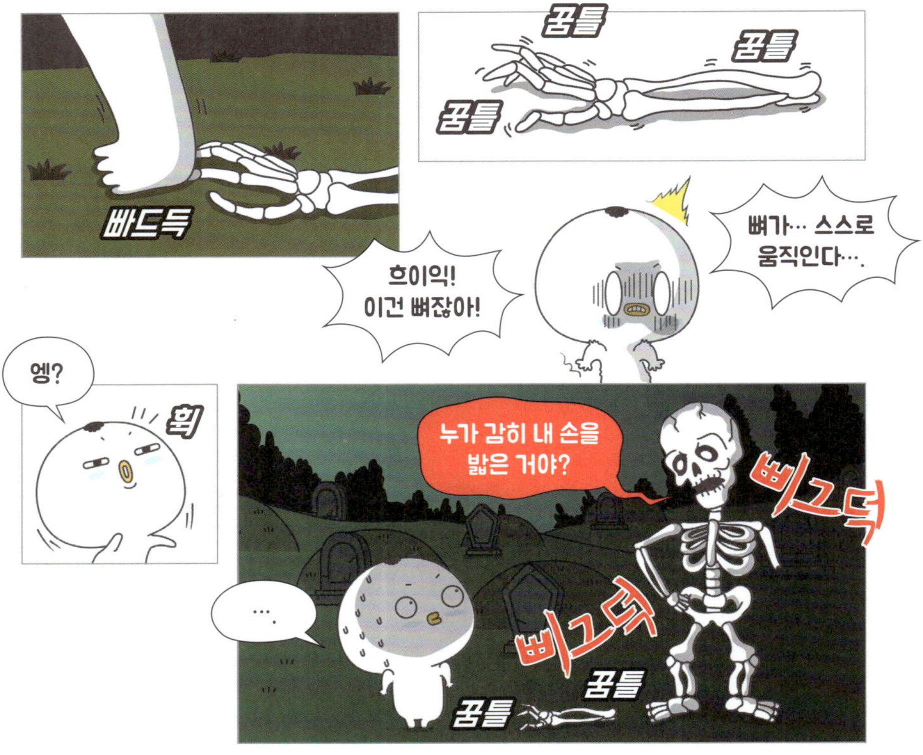

발이 넓다

인간관계가 넓은 사람을 '마당발'이라고 불러요. '발이 넓다'에서도 마당발과 비슷한 의미로 아는 사람이 많아 활동 범위가 넓다는 뜻으로 사용해요. 반대로 아는 사람이 적고 활동 범위가 좁은 사람은 '발이 좁다'라고 한답니다.

071 손에 걸리다

'걸리다'는 걸려들다라는 말로, 손에 걸려들다, 잡혀 들다라는 뜻으로 사용해요. 나쁜 의도를 가진 사람에게 잡혀 이러지도 저러지도 못하게 될 수 있어요. 무엇이 바르고 옳은 것인지 구분할 줄 알아야 해요.

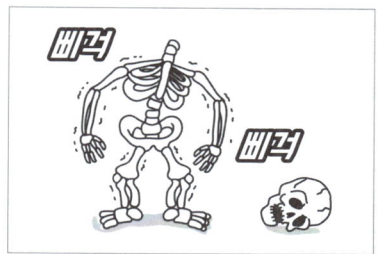

072 목덜미를 잡히다

범인을 쫓는 경찰에게 목덜미를 잡히는 장면을 많이 봤을 거예요. 목덜미를 잡히면 쉽게 빠져나가기 힘들어요. 그래서 다른 사람에게 약점이 잡혀 꼼짝 못 하는 모습을 '목덜미를 잡히다'라고 빗대어 표현해요.

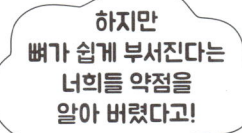

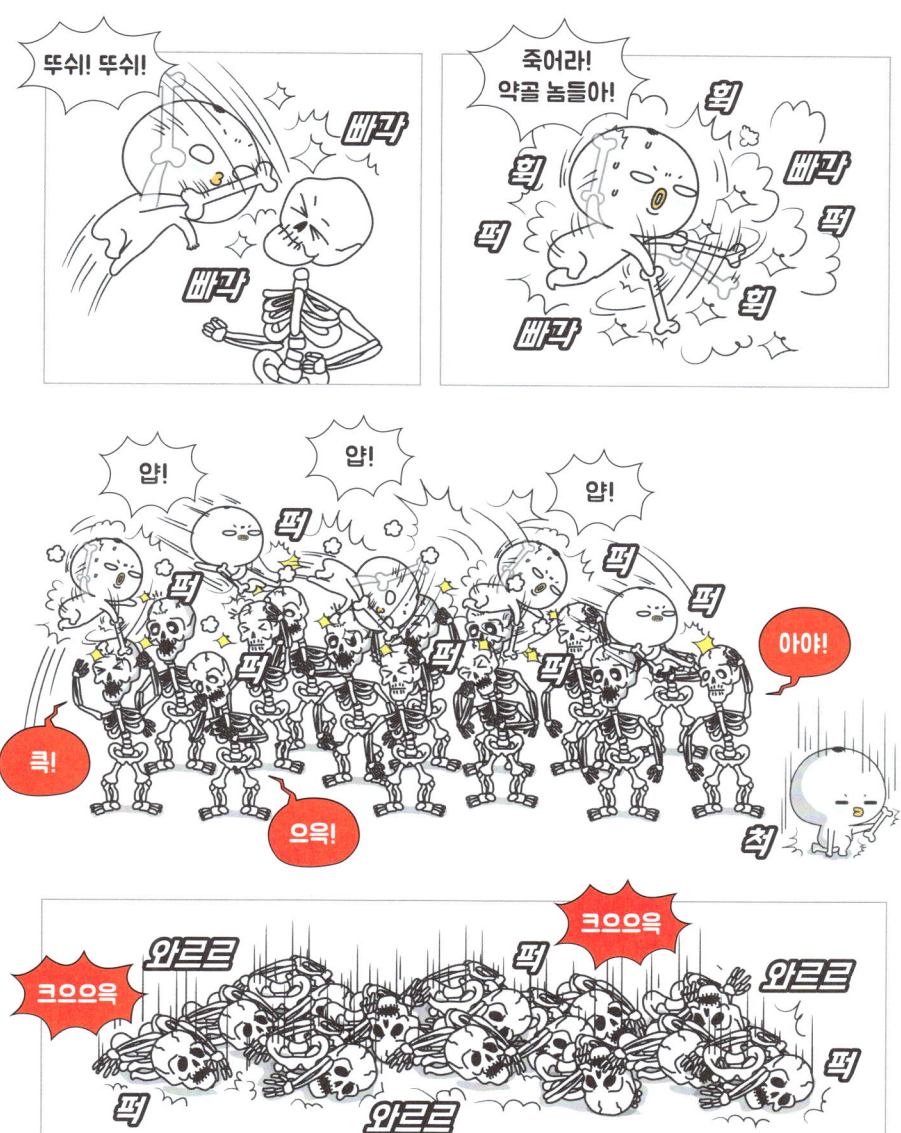

073

입방아를 찧다

'입방아'는 어떤 일에 대해 쓸데없이 떠드는 말이에요. 이런 말들은 잘못된 소문을 만들기도 하고 오해를 만들어 사이를 멀어지게도 해요. '입방아를 찧다'는 이러쿵저러쿵 조심성 없이 가볍게 말한다는 뜻으로 사용해요.

두 손 두 발 다 들다

항복의 의미로 우리는 두 손을 높이 들어 보여요. 그런데 두 손에 두 발까지 다 들었다면 어떨까요? 이것은 자신도 어찌할 수 없는 일로 포기한다는 뜻으로 사용해요. 떼쟁이 동생에게는 가족 모두 두 손 두 발 다 들었어요.

075

발이 손이 되도록 빌다

'빌다'는 상대에게 잘못하여 용서를 구한다는 말로, 보통 손바닥을 비비는 모습을 떠올릴 수 있어요. 그런데 손도 부족해 발까지 손이 되게 간절하게 빈다니 아주 큰 잘못을 상대에게 했나 보네요.

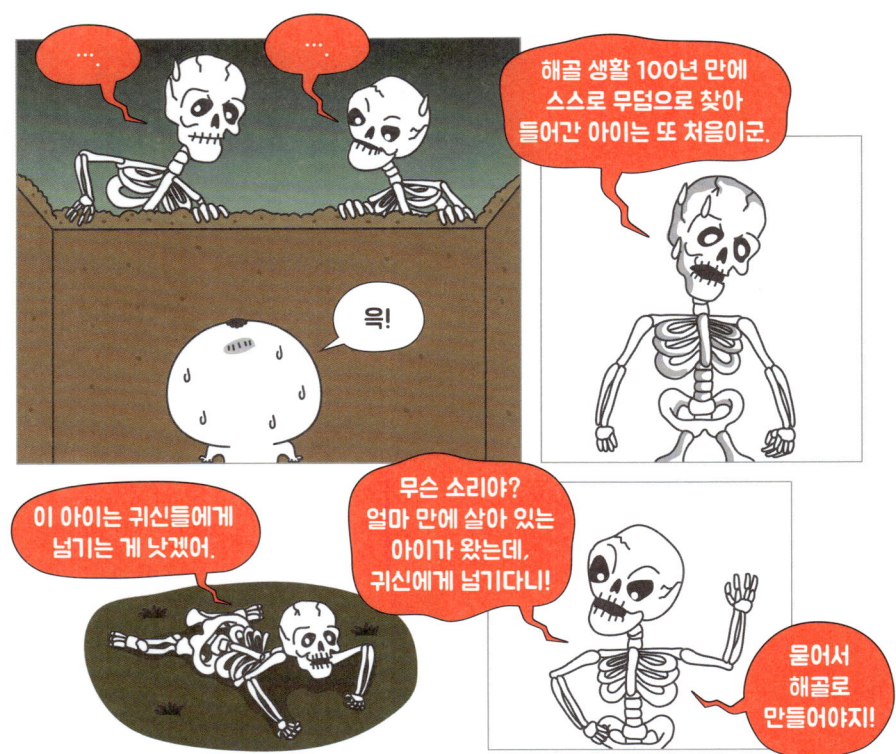

episode 8
두야와 달걀귀신

등을 떠밀다

어떤 일에 망설이며 나서지 못하고 있을 때 등을 밀며 "네가 나가 봐. 넌 잘할 수 있어!"라고 말해 본 적이 있나요? '등을 떠밀다'는 어떤 일을 하도록 부추긴다는 뜻으로 사용해요. 하지만 상대도 하고 싶지 않아 억지로 해야 하는 일이랍니다.

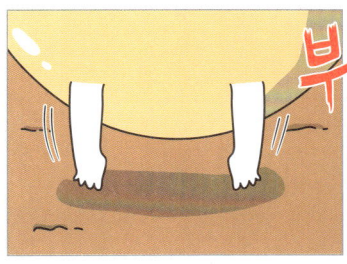

077 꽁무니가 빠지게

보통 이 말을 사용해 '꽁무니가 빠지게 도망간다'라고 말해요. 도망을 칠 때는 상대 위치를 확인하며 뒤돌아보게 되는데, 너무 급해 뒤도 돌아보지 못하고 달아나는 모습을 비유적으로 표현한 말이에요. 무엇이 이리도 급했을까요?

납작코가 되다

오뚝하던 코가 갑자기 납작코가 되었다니 가능한 일일까요? 이 말은 사람의 자존심이나 체면을 코에 빗대어 표현한 말로, 자존심, 체면을 상하게 했다는 뜻으로 사용해요. 잘난 척이 심한 친구가 이렇게 되면 고소한 마음이 들 거예요.

눈을 의심하다

너무 이상하거나 의아해 보고도 믿지 못하는 상황을 '눈을 의심하다'라고 해요. 한 학기 동안 매일 지각하던 친구가 오늘 일찍 등교를 했어요. 모두 자기 눈을 의심하며, "오늘은 해가 서쪽에서 떴나?"라며 반겨 줘요.

목이 막히다

억울하거나 민망해 나오려는 눈물을 참아 본 적이 있나요? 이렇게 눈물을 억지로 참으면 목이 막히며 가슴이 뻐근해져요. 그래서 '목이 막히다'는 서러운 감정이 터진다는 표현을 대신해 사용해요.

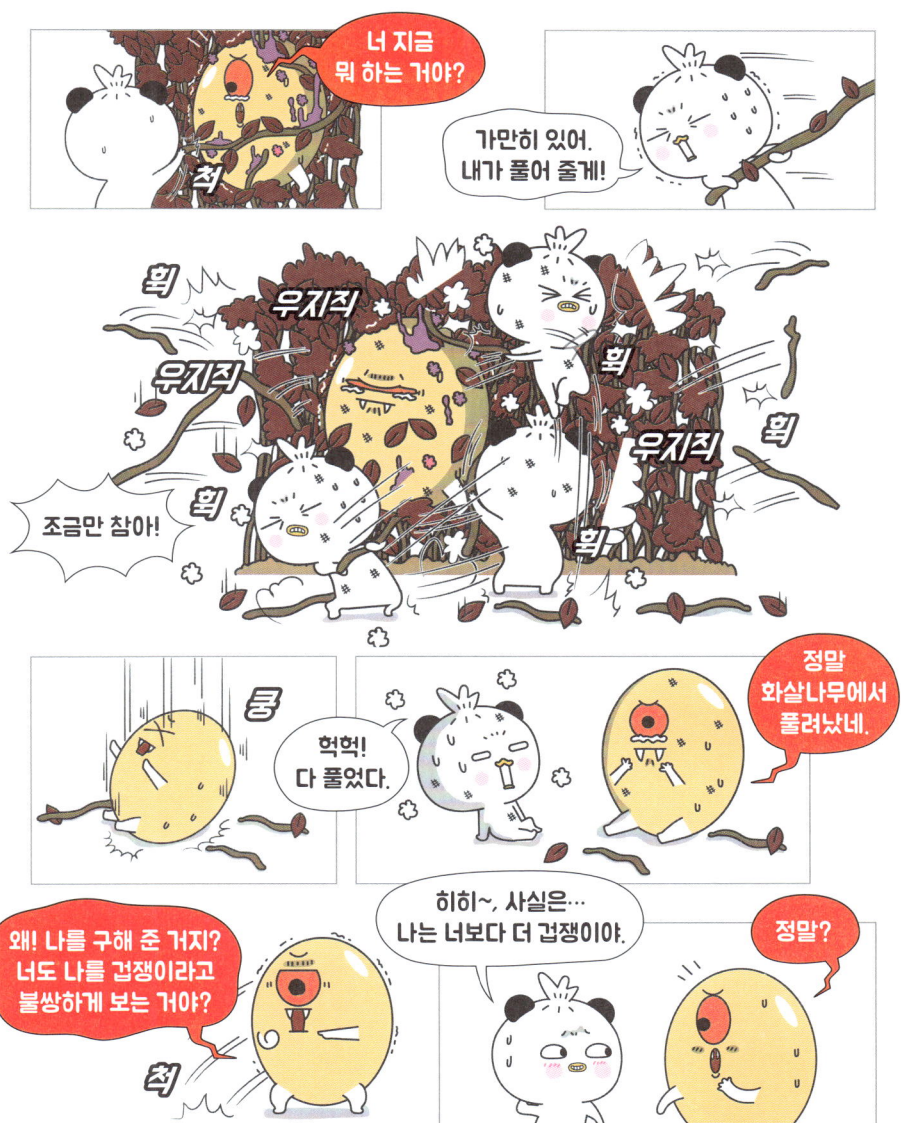

팔짱을 끼고 보다

친구들은 어떤 때 팔짱을 끼나요? 무관심하거나 얼마나 잘하는지 한번 두고 보자는 마음이 생길 때 팔짱을 끼게 되지 않나요? 이처럼 '팔짱을 끼고 보다'는 어떤 일에 직접 나서거나 해결하려 하지 않고 보고만 있다는 뜻이랍니다.

귀에 들어가다

'귀에 들어가다'는 말 그대로 다른 사람 귀에 들어가 알려진다는 뜻으로 사용해요. 이것은 비밀 이야기일 수도 있고, 뒤에서 몰래 했던 험담일 수도 있어요. 또, 일부러 알려 주려 한 계략일 수도 있지요.

episode 9
공포산의 귀신들

허리띠를 졸라매다

'졸라매다'는 단단하게 맨다는 말로, '허리띠를 졸라매다'는 어떤 목표를 이루기 위해 단단히 결심했다는 뜻으로 사용해요. 또, 아끼고 아껴 절약한다는 의미도 있지요. 작심삼일이더라도 목표를 세워 노력해 보는 것은 아주 좋은 경험이랍니다.

084

어깨에 걸머지다

'걸머지다'는 등에 걸친다는 말로, 중요한 일을 맡겨 강한 책임감을 느끼게 한다는 뜻으로 사용해요. 책임감이 부담스러울 수도 있지만, 그 책임을 하나하나 이루어 가다 보면 더욱더 크게 성장한 나를 발견할 수 있어요.

085

엉덩이가 구리다

방귀를 뀌면 구린내가 나는 것처럼 '엉덩이가 구리다'는 올바르지 않은 일을 하거나 다른 사람에게 잘못을 숨기고 있어 의심이 된다는 뜻으로 사용해요. 좋지 않은 냄새가 나면 가까이하기 힘든 것처럼 나쁜 행동도 그 사람을 멀리하게 한답니다.

086
양다리를 걸치다

어떤 일을 할 때 양쪽에서 이익을 보려는 욕심에 이쪽저쪽 모두와 관계를 맺는다는 뜻으로, 관계를 맺은 상대가 봤을 때는 배신감을 느낄 수 있는 행동이에요. 손해를 보지 않는 것도 중요하지만 사람 사이에서는 의리가 더 중요하답니다.

머리가 무겁다

감기나 몸살 등으로 컨디션이 좋지 않을 때는 자도 자도 계속 잠이 오고, 그렇게 많이 자고 일어나서도 몸이 무겁게 느껴져요. 또, 머리도 정신이 나지 않고 멍한 상태가 되는데, 이런 상태를 '머리가 무겁다'고 표현해요.

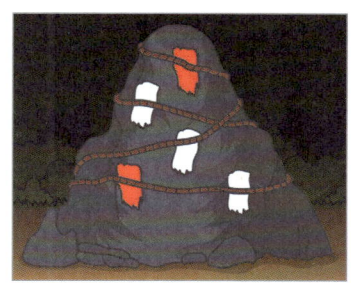

손에 땀을 쥐다

긴장하거나 마음이 조마조마하면 진땀이 나며 손바닥에도 땀이 나게 되는데, 이것을 '손에 땀을 쥐다'라고 표현해요. 올림픽에서 메달이 결정되는 마지막 한 점을 얻기 위한 선수들의 움직임에 손에 땀을 쥐며 두 손을 모아 기도해요.

089

손꼽아 기다리다

수련회를 가기로 한 날이 일주일 앞으로 다가왔어요. 학교에 들어와 처음으로 친구들과 떠나게 되는 수련회가 무척 기다려져요. 하루하루 날짜를 꼽으며 빨리 그날이 되길 기다려요. 손꼽아 기다리다가 이런 마음이겠지요.

눈을 돌리다

호기심이나 관심 있는 것에는 보려 하지 않아도 자꾸 눈길이 가요. 그래서 '눈을 돌리다'는 관심을 다른 곳으로 돌린다는 뜻으로 사용해요. 한 가지를 깊이 있게 아는 것도 중요하지만, 다양한 곳에 눈을 돌리면 폭넓은 상식을 얻을 수 있어요.

091

등을 돌리다

등을 보려면 상대가 뒤돌아서야 볼 수 있어요. 서로 눈을 맞추며 마주 볼 때는 절대 보이지 않아요. 그래서 '등을 돌리다'는 서로 의견을 달리하여 반대 입장에 서게 된다는 뜻으로 사용해요.

episode 10

반격의 시작

092 어깨를 나란히 하다

'어깨를 나란히 하다'는 실력이나 수준 등이 같거나 비슷한 수준으로 대등한 관계에 있음을 의미하거나 함께 일을 한다는 뜻으로 사용해요. 이런 관계 속에서 경쟁하며 친구와 함께 발전할 수 있답니다.

눈치코치도 모르다

'눈치코치'는 눈치를 강조한 말로, 전혀 상황이나 마음을 눈치채지 못한다는 뜻으로 사용해요. 눈치가 빠르면 절에 가서도 고기를 얻어먹는다고 하니, 주변 상황에 관심을 가지고 잘 살피는 것도 삶의 지혜가 될 수 있어요.

094 손발이 맞다

함께 일을 할 때 말하지 않아도 알아서 부족한 부분을 챙기며 의견을 맞춰 일이 잘 진행될 때 '손발이 잘 맞는다'고 해요. 손발이 잘 맞기 위해서는 서로를 관찰하고 적극적으로 행동하려는 노력이 필요해요.

095 머리털이 곤두서다

무섭거나 깜짝 놀라 닭살이 돋으며 머리털까지 서는 느낌을 '머리털이 곤두서다'라고 해요. 이 말은 '머리털이 곤두설 정도로 놀라다', '너무 놀라 머리털이 곤두섰다'처럼 사용해요.

발 벗고 나서다

일을 할 때 적극적으로 나선다는 뜻으로 '발 벗고 나서다'라는 표현을 사용해요. 친구가 전교 회장 후보로 나왔어요. 선거운동을 위해 피켓도 만들고, 아침 일찍 나와 선거운동에 발 벗고 나서요. 친구가 무척 고마워할 거예요.

097

손가락 안에 꼽히다

손가락은 한 손에 5개로 딱 정해져 있어요. 어떤 일에서 손가락 안에 꼽힌다는 것은 대단히 뛰어나거나 특별하다는 뜻으로 사용해요. 나에게도 이런 것이 있나요? 천천히 생각해 봐요. 아무리 작은 일이라도 그것은 내가 가진 재능이랍니다.

옆구리를 찌르다

선생님이 들어오신 것도 모르고 뒤돌아 크게 떠들고 있는 짝꿍의 옆구리를 쿡쿡 질렀어요. 짝꿍은 그래도 못 알아듣고 자기 얘기만 하느라 바빠요. 기다리던 선생님께서 짝꿍의 이름을 부르시네요. 짝꿍아, 눈치 좀 키워라.

무릎을 꿇다

무릎을 꿇는 행동의 의미는 내가 졌으니 항복하겠다는 뜻이에요. 그래서 아무 말을 하지 않아도 상대가 나에게 굴복했음을 알 수 있지요. 또, 운동경기에서 졌다는 의미로도 '무릎 꿇다'라고 표현한답니다.

콧등이 시큰하다

크게 감동을 받으면 나도 모르게 코끝이 시큰해지며 눈물이 왈칵 쏟아지려 할 때가 있어요. 이때 느끼는 감정을 '콧등이 시큰하다'고 표현해요. 이 마음은 기쁠 수도 있고, 슬플 수도 있답니다.

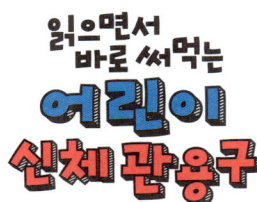

3판 7쇄 2025년 5월 7일
초판 1쇄 2021년 8월 25일

글·그림 한날

펴낸이 정태선
펴낸곳 파란정원
출판등록 제395-2010-000070호
주소 서울특별시 은평구 가좌로 175, 5층
전화 02-6925-1628 | **팩스** 02-723-1629
제조국 대한민국 | **사용연령** 8세 이상 어린이
홈페이지 www.bluegarden.kr | **전자우편** eatingbooks@naver.com
종이 다올페이퍼 | **인쇄** 조일문화인쇄사 | **제본** 경문제책사

글·그림ⓒ2021 한날
ISBN 979-11-5868-199-9 73710

이 책은 저작권법에 따라 보호받는 저작물이므로 무단 전재와 무단 복제를 금지하며,
이 책 내용의 전부 또는 일부를 이용하려면 반드시 저작권자와 파란정원(자매사 책먹는아이·새를기다리는숲)의 동의를 얻어야 합니다.
*잘못된 책은 구입하신 서점에서 바꿔 드립니다.